Pop Slam Poésie

SURAIYA

À mes deux enfants Kezia et Vito.
La vie est plus belle depuis que vous en faites partie.
Je vous aime si fort mes enfants.

Contenu

Introduction

J'avais décidé de composer ce recueil en premier pour mes enfants puis je me suis dit pourquoi ne pas le partager avec d'autres personnes. Offrir à mes enfants un recueil qui transcendera le temps sans se faner avec des mots d'amour pour l'éternité. J'y explore, ici, des thèmes aussi divers que la vie et la mort, mes expériences passées et mes préoccupations actuelles, des lieux ou choses significatifs à mon cœur.

Me remarier a ajouté une autre couche de complexité à une dynamique familiale, déjà riche avec mes enfants. Bien que mon nouvel époux soit un pilier constant dans ma vie, la principale responsabilité et l'éducation de mes enfants reste la mienne et celui de leur père biologique. Nos instants privilégiés sont des moments partagés principalement entre mes enfants et moi. Ce livre est à la fois une libération émotionnelle, créative ainsi qu'une introspection.

Keziologie

Dieu ! Que j'aime mes enfants
Cet amour est titanesque et arrogant

Ma passion pour eux ne vit qu'en s'accroissant
Leurs yeux, couleur pruneau, sont hyper captivants
Leurs visages parfumés au beurre sont apaisants
Le parfum de leurs cheveux est étourdissant
Leurs reproches sont assez délirants
Parfois, leurs jugements sont agaçants
Leur dynamisme est loin d'être délassant
Ils m'étonnent souvent, ils sont assez convaincants
Lors d'un bon vieux chantage, ils sont assez coopérants
Entre eux, ils ne sont pas toujours conciliants
Les soirs sans télé, ils sont vraiment divertissants

Mes enfants sont simplement ébouriffants
Leurs chagrins sont assez déprimants
Leurs histoires sont plus excitantes que des romans
Ensemble, on a voyagé beaucoup sauf au Vatican
En voiture avec eux, on se croirait au Bataclan
Avec mon fils, on cuisine des plats au Safran
Avec ma fille, on étudie au zoo les Pélicans
Kezia et Vito, je fais bien partie de votre clan ?
Comment ça, j'suis trop vieille pour ce genre de plan ?
Combien de fois, vous ai-je prêté mon écran ?
À vouloir bien faire, je vous ai envoyé parler sur un divan
Pardonnez-moi de vous avoir fait vivre ma vie de gitan
Après nos rencontres, ces instants forts sont toujours présents
C'est là, ancré dans ma chair et mon sang
Mes amours, sans vous, l'humour serait ennuyant

Mes enfants, vous êtes mes bonheurs radiants
Mais encore, le plus magique des talismans
Je vous aime si fort mes amours,

votre maman.

La gloire de mon père

Mon père a encore tout perdu ce soir
Il avait pourtant invité l'espoir
Croyez-vous aux caprices du hasard ?
Chez nous, il rentrait toujours, tôt ou tard

Il y croyait dur comme fer, tel un bluffeur
Il pariait de petites sommes, et même ses labeurs
Une aubaine encore risquée pour du beurre
Il remportait le tournoi du meilleur looser

Il disait que c'était la faute de cette alliance
Il jurait qu'elle lui avait porté malchance
Est-ce blasphème que de jouer ainsi ?
Il me disait : un jour, je gagnerai, c'est promis !

Il y allait avec des amis soi-disant chanceux
Lui et eux faisaient semblant d'être heureux
Il persistait à croire qu'il était béni
Par les saints des jeux et à l'infini

Maudit par une insatiable soif de gagner
Courtisé par l'illusion un jour de triompher
Captivé par le jingle d'un jackpot taquineur
Envoûté par le tintement de ses pièces sonneurs

Il sous-estimait la chance et la quantité
Et ses triomphes étaient souvent très limités
Il avait la main légère sur son portefeuille
Car il pensait que la fortune lui faisait de l'œil

Glorifie-le avant de te rejoindre, grand sage
Un vœu bizarre pour mon vieux mage
Offre-lui enfin cette grosse prime
Qui lui donne si souvent la déprime

5

Aide-le à lutter contre cette maudite faiblesse
Protégez-le de cette machine en fer qui le blesse
Je fais appel à tous les séraphins, protégez-le
Afin qu'il ne soit pas puni par le bon Dieu

Demain, il ira encore jusqu'au petit matin
C'est dans sa nature, il n'est pas un saint
Une nouvelle fois sans aucune méfiance
Il oubliera encore où en sont ses finances

Chaque fois que je lui demandais : "Et si tu perds encore ?"
Il me répondait toujours : "Ce soir sera rempli d'or !"
Et demain, promis, on fera la fête, comme jamais
Car ce soir, je sens que la chance sera à mes pieds !

Métro Rétro Dico

Quelle invention, ce souterrain à six pieds sous terre
Bien bruyante, cette tanière, sans vers de terre
Je ne suis pas fan, par contre, de son odeur
Ses escaliers m'emmènent droit sur un quai de pierre
En été, aussi chaud qu'au fond d'un vieux cratère
En hiver, aussi froid que mon vieux frigidaire
Dans trois minutes apparaîtra un wagon blanc et vert
On me bouscule, tant pis, je fonce dans cette boîte en fer
Ses portes se referment, et la foule blasée se resserre
Me voilà partie avec des gens de toutes les couleurs
J'avais pris le métro à Anvers, et avant, le funiculaire
Le train démarre en direction de la station Robespierre
Construit par des ouvriers, avant la Première guerre
Oh là là, et s'ils étaient tombés sur un cimetière ?
Rien que d'y penser, ça me dresse les cheveux en l'air
Fulgence Bienvenüe, quel sacré ingénieur !
Heureusement que ce monsieur avait une équerre
Ça aurait pu être une vraie pagaille à l'avant-première

Ils ont dû utiliser des tonnes de câbles et de lumières
16 lignes et 220 kilomètres de chemin de fer
Ça, c'est juste le métro parisien, je ne compte pas le RER
303 stations, la RATP en est la seule propriétaire
Par jour, circulent dans ces tunnels plus de 4 millions de voyageurs
Il y en a pas mal qui ont même fini sur des civières
Ligne 6, ma préférée avec ses nombreuses verrières
Nation-Charles de Gaulle, je ne veux pas décoller mon derrière
Vues incroyables, exceptionnelles, sur ces rails, il y a vraiment matière
Sublime Pont Bir-Hakeim, en dessous passe des bateaux à vitesse croisière
Là, de l'autre côté de la Seine, vision inoubliable sur la Dame de Fer
À cet endroit, je me contrôle pour ne pas cligner des paupières

Les stations fantômes : Arsenal, Haxo et Porte-Molitor
La règle est de rester à droite dans les escaliers et les escalators
Et Porte des Lilas-Cinéma ?
Louables à des centaines d'euros, films et pubs partagent les mêmes tracas
La grande star du métro est notre lapin portant des chaussures
Suivant les époques, notre lapin change d'allure
Rose ou jaune, il est connu en France, et même ailleurs
Il prévient du danger de se faire mal avec les portes des voitures
Pourquoi ce lapin me tutoie-t-il ? Il m'a prise pour une écolière ?
Jacasse, street art, il vaut son pesant d'or pour les annonceurs
La RATP aurait dû en dessiner un pour le pickpocket, très bon acteur
« Attention à tes mains, tu risques de te faire pincer très fort ! »
Dans le wagon, quand vous ne saurez pas comment vous divertir
Levez vos yeux, peut-être, aurez-vous la chance de me lire
Si ce ne sont que des messages publicitaires
Vous avez vos cellulaires pour vous distraire !
Ah, me voilà arrivée à Robespierre
Mesdames, Messieurs, ce fut un réel plaisir !

Ordinateur

Jacques Perret, l'inventeur de ce mot
Petit robot, cul-de-jatte et manchot
Il peut t'instruire ou te rendre moins sot
Désormais, ils veulent le taxer aux impôts

J'ai un assistant personnel dans ma poche
À vrai dire, je le mets plutôt dans ma sacoche
Ah la la, ne le mets jamais dans ta valoche
Tu risques de le retrouver un peu moche !

Premier ordi Family, l'Apple II dit : Le colosse
Sorti en 1977, je n'étais alors qu'une gosse
Il n'est pas arrivé comme ça en carrosse
Pour le payer, il a fallu que je bosse

Méga-octet ? Ça se prend avec le thé ?
Logiciel ? C'est quel genre de matériel ?
Périphérique ? Non, je passe par République !
Pixel ? Est-ce un mot universel ?

Idée colossalement originale, et définitivement virale
Prototype d'avant-garde mais, si fragile sans la sauvegarde
Il est loin des clichés présentés dans les vieux films à la télé
Z3 ou l'ENIAC, ce n'était pas de l'arnaque

De mon lit, je suis professionnellement active
Du café d'à côté me voilà en visio avec Jean-Yves
Seule, il m'aide à rester gaiement positive
De mon ordi, j'en suis complètement adhésive

Tu as le Wi-Fi ? Ici, il n'y a pas de réseau !
Avec ses 8 Go de mémoire, le mien est costaud
Attention à ne jamais y renverser de l'eau
Le mien s'appelle MacBook Pro, qu'il est beau !

Mon petit joueur de pipeau

(inspiré par la chanson de George Brassens, le petit joueur de flûteau)

Ce petit joueur de pipeau
Menait une vie de barjo
Pour la disgrâce de ses mensonges
Ses parents lui donnèrent ce surnom

Je ne peux pas être sincère
Répondit le grand imposteur
Avec une vérité à la clé
Je me mettrais à délirer

On dira dans toute la cité
Le joueur de pipeau est grillé

Et ma pauvre mythomanie
Ressemble à une bouffonnerie
Je ne déplierai plus le divan
Chez mon daron et ma maman

Il me faudrait une charmante dame
Ou des gentes de Seine-et-Marne
Avec une vérité à la clé
Je me mettrais à délirer

On dira dans toute la cité
Le joueur de pipeau est grillé

Et l'endroit où j'ai tout appris
Me paraîtra trop petit, trop gris
Je quitterai ce divan minable
Pour d'autres plans et des fables

Je ne changerai pas mon côté trompeur
Pour une nana ordinaire
Avec une vérité à la clé
Je me mettrais à délirer

On dira dans toute la cité
Le joueur de pipeau est grillé

Je serais comme un sombre mirage
Un vieux tricheur d'un certain âge
Je ne peux pas travailler à faire la plonge
Et tourbillonner dans mes délires et mes songes

Je voudrais une fantastique
Mémoire encore plus illogique
Mais avec de vrais principes à la clé
Mon cas se mettrait à déconner

On dira dans toute la cité
Le joueur de pipeau est grillé

Je ne voudrais pas me marier
Pas de promise, pas de fiancée
Je ne lui donnerais pas mon nom
Pour une quelconque raison

Il me faudrait pour le plaisir
La fille d'un grand voleur
Avec cette maîtresse à la clé
Je serais trop bien respecté

On dira dans toute la cité
Le petit joueur de pipeau a grandi

Le petit joueur de pipeau
Fit ses adieux à ses vieux
L'air ému mais, sans popotins
Sans voiture, il se mit en chemin

Vers un nouveau cagibi et sans rien
Ni ses voisins, ni ses copains
Nul ne dira dans la cité
Le petit joueur de pipeau à grandi

Que la société reconnaisse enfin
Ce brave petit comédien

Mac don' t

J'aime leur Tasty Filet-O-Fish
C'est fou le délice que ça me fiche
J'aime leurs Sweety Milk-shakes
Ma boisson détente, mon petit break
J'aime leurs Yummy Sundays
J'en ai eu un, une fois à Mission Bay
J'aime leurs Chicken salades
Promis, elles ne te rendront pas malade
J'aime leurs Crunchy frites
Faut avouer, c'est une réussite
Aurais-je perdu la tête ?
C'est quoi ces phrases bêtes ?

Manger sain, c'est pourtant pas enfantin
De beaux discours, on en fait tous, c'est certain
Des instructions sur comment contrôler sa nourriture
Des mots trop mâchés mais qui ne nourrissent aucun futur

On nous rabâche cinq fruits et légumes par jour
Et comment perdre ses poignées d'amour
Faut-il que j'implore Dionysos ?
Qu'il gère à ma place mes kilos ?

Châtie-moi, de mes goûts d'adolescents
Redonne-moi le goût à travers un vol-au-vent
Fidélise-moi à un doux parfait
Sanctionne-moi d'un léger Frappé

Corrige-moi de cette nature infectée
Qui perturbe chaque déjeuner et dîner
Voilà mon désir sincère, écoute ma prière
Envoie-moi un festin de désirs culinaires
Qui me ramènerait mon postérieur en arrière
Directement dans les assiettes de ma mère

La Paresseuse

C'est fabuleux, comme je n'aime rien faire
J'aime flâner, traîner, suis-je une vilaine créature ?
Faut-il encore qu'on me demande un verre
Alors là, tu verras sortir une horrible sorcière

Je suis usée par un peu d'exercice
Fatiguée à l'idée de muscler mes cuisses
Je panique à l'idée de travailler dans la police
Mon côté languissant ne cache aucune malice

Remplir ce caddie au supermarché me vide
Pousser ce chariot rempli me donne des rides
La vue de ces aliments en masse me fatigue
Membre de la paresse, c'est là où je brille en ligue

Vous devez me trouver bien stupide ?
Vraiment, un tapis de yoga m'intimide
Entre vous et moi, ça m'a donné des hémorroïdes
Depuis, je me suis proclamé mon propre guide

Quand arrive le printemps, je déprime
Lessiver les murs n'est pas légitime
Épousseter les meubles m'opprime
Nettoyer est le mal associé au crime

Je n'apprécie que le temps des vacances
La plage dans toute sa quintessence
Le personnel de l'hôtel est mon essence
Les massages, j'en demande depuis ma naissance

Mon énergie vitale est flagada
Ai-je besoin de Mister T le Barracuda ?
Il pourrait faire sortir de moi ce panda !

Non, c'est décidé, je vais rester comme ça !

Ma peur

Ma peur à moi, c'est la retraite
Vaincue par l'âge, quelle défaite !
Serai-je conjuguée à l'imparfait ?
Pas le genre de fin que je souhaite

On ne m'appellera plus Mademoiselle
Ne plus pouvoir me raser sous les aisselles
Que mes enfants me tiennent la chandelle
Ah, ils aimeraient tant que je sois éternelle

J'ai peur de finir ma vie invalide
Dans une pièce, isolée avec mes rides
Ne penser tous les jours qu'à ce vide
Je suis peut-être un peu trop sordide ?

J'ai peur de regretter ce vieux Léon
Qui, toute ma vie, a été un vrai démon
De rechercher une ancienne affection
Je torture mon mental sans raison

Pourrais-je encore étirer mes jambes ?
Sans me blesser ou avoir ces crampes ?
Marcher la nuit sans avoir à toucher aux lampes
Rester plaisante, comme ce petit hippocampe ?

J'ai peur d'avoir un certain grain de folie
Je voudrais dans mes belles années être cueillie
À la fin d'une période, que la vie me résilie
Que mes enfants me pardonnent cette anomalie

Qu'ils acceptent et pardonnent ma frayeur
Je souhaiterais mourir sans connaître la douleur
Partir en douceur, sous une belle lueur
Mourir à l'heure, enveloppée dans mon Bonheur

Moi, la Star !

Mon plus beau rôle ? Jouer la diva
Plus brillante encore que la supernova
Ma vie d'actrice est un bouquet d'artifices
Je m'épanouis dans un monde pailleté de purs vices

Les amants défilent avec des élans abusifs
Exposant à vif mon univers coloré, ô combien fictif
Je les enroule dans mes draps de soie, tels des apéritifs
Mes soupirants ne sont pas les seuls fautifs

Mon escorte et ma limousine font un tintamarre
Peut-être percevez-vous cet étalage comme bizarre
Je passe mon temps à chercher à m'embellir
Je ne fais ni l'aumône, ni la guerre, je préfère divertir

Suis-je l'euphorie sous l'objectif d'un paparazzi ?
Suis-je inestimable aux yeux des producteurs mafiosi ?
Suis-je irrésistible dans ce costume d'antan ?
Suis-je magistrale dans le rôle de Satan ?

Je provoque l'époque et j'inspire la nation
Je glorifie le succès et les joailliers sans raison
Je captive l'image et éblouis sous les éclairages
Ô et je prends grand soin de mon image

Je suis le blasphème coiffé d'un diadème
La reine couronnée d'un "je t'aime"
Je suis le désir paré de beaux joyaux
L'aura enveloppée d'un parfum d'aristo

Je suis une actrice qui n'engrange que des bénéfices
La déesse des toutes les séductrices provocatrices
Je suis l'essence travestie de votre irréalité
L'épice divine qui nourrit votre vice, en vérité

Je suis tout simplement l'impératrice des box-offices !

Ce que j'aime

Mes enfants et moi, quand nous sommes réunis
Chaque instant où mes enfants me sourient
Mon île, l'Arizona, et Paris
Jouer de la batterie ou écrire une poésie
Le soleil en hiver, l'été sous la pluie
Mes vêtements, accessoires et toutes les coquetteries
Au cinéma, une comédie, mais je rentre avant minuit
Au travail, des défis qui m'épanouissent aussi
Des soirées joyeuses, passées avec mes amis
Manger à midi, puis grignoter à minuit
Des péplums avec Douglas ou Burton et la mythologie
L'égyptologie, mais sans les momies
Être émerveillée par des tours de magie
Quand la vie me rappelle que j'avais une Lily
M'investir dans Halloween et choisir ma panoplie
Quand je prends du poids, puis après, quand je maigris
Flâner en librairie, et acheter un foie gras au Monoprix
À foison les produits laitiers et beaucoup de fromageries
Dévorer toute sorte de pain et fondamentalement la mie
Séries télé, télékinésie et des crêpes à la confiture de fruits
Ma trésorerie ? Ce serait bien que je vérifie
Son naturel, c'est ce que j'aime chez mon chéri

Escalader des montagnes et faire du ski avec lui
Cet amour dont il me remplit
Sa gentillesse et une pointe de galanterie
Quand il me présente fièrement comme sa chérie
Nos parties d'échecs et nos petits paris
Malentendus, vacheries et mélodrames aussi
Nos téléphones transformés en talkies-walkies
Quand il joue du piano ou bien sa guitare au lit
Quand je suis loin et qu'il se fait du souci
Et bien tant d'autres que j'en oublie !

Facebook

Je suis déconnectée de la réalité
Absorbée, droguée par sa page bleutée
Je fais défiler lentement son historique
Dans l'espoir de découvrir quelque chose de fantastique
Qu'a-t-il donc à me cacher ? Je m'entête à cette idée
Sa page me fait vivre, quelques heures, imaginaires
Je vais tout dire et je suis vraiment sincère
Voilà, j'espère et je prie pour qu'il soit célibataire
Je l'avais découvert sur la page d'une amie berbère
Et depuis, je fais tout pour lui plaire
Il ne me donne précisément rien
Je lui donnerais tout, même mon chien
J'aimerais tellement qu'il fasse attention à moi
Mes commentaires, il n'y répond pas
Il ignore complètement qu'il révolutionne ma vie
Ses photos me donnent envie de vivre avec lui
Mon compte bancaire pourrait peut-être lui plaire ?

Réveille-toi, me dit ma copine Béné !
C'est qu'un pauvre sot qui ne pense qu'à s'amuser
Regarde, il n'a que des amies en tenue lingerie et plage
Antipathiques et parfois même très acrobatiques
Écoute-moi quand je te dis que ce coco est factice
À voir sa page, il n'aime résolument que l'artifice

Et toi, ma pauvre fille, tu te fais bien duper
Il leur fait toutes croire aux contes de fées
Bloque-le, pour de bon. Ne le poke pas pour ton bien
Il ne mérite pas ces heures que tu lui as sacrifiées
Il ne mérite pas tes beaux yeux sur sa page
Ce n'est pas la réalité et même son image

Viens, on sort, mets ton manteau
Tu n'as pas besoin de ce blaireau
Y a plein de gens sympas
Là en bas, pas loin de chez toi
Ouvre seulement tes yeux
Et laisse-toi aller vers eux
Ferme ton Facebook, t'as un look
Qui devrait danser le zouk
Des gars séduisants, il y en a plein les océans
Viens avec moi et après, on fera le bilan !

Ma voiture

Tu oses me demander ce qu'elle a, ma caisse ?
Puissante et unique, elle me tient en laisse !
Ma titine est absolument fantastique
De ses quatre jantes, j'en suis fanatique

Explosive sa couleur rouge sang
Hyper-émotive, ce petit boomerang
Attractive, ses phares phosphorescents
Exclusive, ce petit bolide brillant

Passionnée par son tableau de bord en bois flamboyant
Affective, son siège intégré pour enfant
Elle ne casse pas la baraque pour toi
Je me demande bien pourquoi

Ma caisse a un je-ne-sais-quoi
Qui me fait sentir bien chez moi
Je l'aime effectivement plus que toi
Elle est libre, sans foi ni loi

Entre elle et toi, il n'y a aucun tournoi
Je te quitte, c'est mon ultime choix
Tu n'y es vraiment pour rien, François
Mais cette voiture ne sera qu'à moi

C'est elle ma reine, et moi son roi
Ma caisse a ce je-ne-sais-quoi
Qui me fait sentir du bien en moi
Je l'aime, bien plus que toi

Il te manque cette étincelle intérieure
Qui pourrait illuminer les phares de mon moteur
Tu n'as pas l'intensité de ce rouge passion
Qui pourrait faire battre mon cœur à raison

Coca Mania

Je suis gaga de ce goût caramélisé
Fan de cette boîte en fer rouge métallisée
Je fais le serment pour la vie de t'idolâtrer
Tu es mon seul symbole de générosité
Ma foi en toi, Coca-Cola, est inappropriée
Mais ne vaux-tu pas cet excès ?
Toute ma vie, j'ai été bluffée
Et toi, tu as toujours été là, à mes côtés
Tes petites bouteilles en verre lubrifiées
Me procurent un plaisir sensuellement sucré

Crois-tu que je pourrais un jour te quitter ?
Même en temps de crise et de stupidité
La vérité est que je suis droguée
Par ces graines de cola grillées
Par ce nectar fortement caféiné
Par ce breuvage hyper coloré
Par ses vaporeuses bulles pailletées

Mes parents m'ont longtemps empêché
De te goûter afin que je ne sois pas ensorcelée
Je ne les ai pas heureusement écoutés
Aujourd'hui, je suis officiellement envoûtée
Crois-tu pouvoir m'aider ?
À me faire passer du Zéro au Décaféiné ?
Coca, j'ai quelque chose d'affreux à t'avouer !
Pourras-tu me pardonner mon infidélité ?
Pepsi et moi avons délibérément flirté

Tu étais absent lorsque je voulais commander
Quand tu n'es pas là, je prends d'habitude un Perrier
J'avais envie, ce jour-là, de jouer avec un autre danger
Mais sache que j'ai été déçu par le premier baiser
C'est bien fini, plus de Pepsi, même pas une gorgée !

Crazy-Phone

Bonté divine, j'ai le nouveau high phone
Nom de Dieu, qu'il est beau ce téléphone
J'ai acheté tous les accessoires que je voulais
J'ai pu déguster amèrement tous ses frais
J'ai dû le faire passer de l'Anglais au Français
J'ai fini par le manipuler sans trop de délais
J'ai dû le configurer avec mon ordinateur
J'avais tellement peur de faire des erreurs
Je n'avais pas iTunes sur mon ordi
Ça m'a donc pris tout l'après-midi
Il m'a quand même grillé quelques neurones
C'était compliqué car, je l'avais acheté sur Amazon

La visite a été ensuite beaucoup plus sympa
Je le tripotais à vue d'œil, comme ça sans compas
Les touches me dévoilaient chacune leur secret
Et toutes ces apps m'ont complètement bluffé

Révolutionnaire, cet outil de notre génération
Steve Jobs avait pour nous tous de l'ambition
Maintenant cette station de travail in the pocket
Est aussi connue en France que la baguette

Une seule chose me fait peur pour son futur
Quand la batterie arrivera en fin de son aventure
Qu'arrivera-t-il à toutes mes données ?
N'aurais-je que mes yeux pour pleurer ?

Mon Olympe

Les jours et les mois à l'île Maurice
Sont un bouquet épicé de délices

Lundi, je me réveille dans ce joli paradis
Mardi, son parfum exotique m'étourdit
Mercredi, la pluie me rafraîchit
Jeudi, la chaleur m'a pesé, m'a alourdie
Vendredi, son Robinson était-il poli ?
Samedi, ses fleurs, quelle galerie !
Dimanche, sur la plage avec des amis

Janvier, regarder Chamarel et ses goyaviers
Février, le Nouvel An chinois ne cessera de siffler
Mars, ses cheveux mouillés font la farce
Avril, on fera rôtir des cateaux sur le grill
Mai, avec adorer, je te conjuguerai
Juin, je m'éloigne de la mer et des requins
Juillet, mon parapluie s'il vous plaît
Août, nous danserons entre les gouttes
Septembre, ne reste pas dans ta chambre !
Octobre, ses tons chatoyants sont loin d'être sombres
Novembre, sous son voile d'été, nous dînerons à l'ombre
Décembre, je dessinerai son sourire sur un timbre

Île Maurice, tu es ma déesse, mon impératrice
Île Maurice, comme son puits d'amour, un délice
Île Maurice, avec ta parure azure, quelle séductrice
Île Maurice, j'ai une carence en tes épices
Irrésistible, on aurait dû t'appeler tentatrice

Rouge, bleu, jaune, vert

Charles Baudelaire avait écrit sur ce célèbre paradis une merveille
"Île Maurice, perle verte dans un écrin d'écume"
Dans un océan de mots, ses poèmes flottent éternellement dans cette bouteille
De l'île sur elle, la belle mauricienne s'en parfume

Rouge est pour le sang des esclaves versé et maltraités par les Bourges

Un autre amoureux de cet archipel, L'homme Léoville
"Mon rêve a pris l'essor dans ton grand souffle amer"
Ses mots féeriques et captivants caressent mon âme de petite fille
Réveille sur les rives de Belle Mare pour la fête des mers

Bleu est pour son ciel et son océan colorés par l'artiste Dieu

Robert Hart, qu'a-t-il écrit sur ce joli profil ?
"Je n'ai fait qu'en raphia la maison de ma vie"
Ses poèmes entretiennent la flamme de mon cœur qui brille
La flore sauvage de "Trois Mamelles" nous embaume de sa magie

Jaune est pour le soleil qui siège avec fierté du haut de son trône

Bernardin de Saint-Pierre et sa tragédie des deux familles
Paul à Virginie : "Lorsque je suis fatigué, ta vue me délasse"
Romantique aventure exotique qui a torturé mon cœur en exil
Avant l'abolition, quelle souffrance ! Vieille douleur que je l'enlace

Vert est pour la végétation dont le sol en est féeriquement recouvert

L'île, le 12 mars, parade avec fierté ses quatre camaïeux
Quelle fierté pour les Mauriciens, ce drapeau panaché et glorieux
Quand je parle des Mascareignes, j'en fais toujours des envieux
Moris m'a conquis. Attention, c'est contagieux !

Orage, pourquoi es-tu toujours en rage ?

Ténébreux ce frimeur sans âge
Ce que j'aimerais le mettre en cage
Ou avoir un petit échantillonnage
Que j'enfermerais dans mon garage
Originaire d'ici et de partout ailleurs
Orphelin de parents bourlingueurs
Orchestre férocement tapageur
Orné d'effet lumineux sans grande valeur
Il ne connaît jamais la peur
Excellent aviateur et batteur
Il ne fait jamais rien en douceur
Évitez de vous retrouver près de sa fureur
Toujours perché et avec une certaine attitude
Que ses vents deviennent extrêmement rudes
C'est seulement lors de ces terribles moments
Qu'il entre dans l'histoire adroitement
Quand vient le calme après son brutal passage
Ce qui n'est guère différent d'un mauvais rasage
C'est en grand style qu'il parvient à faire des carnages
Mieux vaut le voir seulement en image

Tempête, Tonnerre, Orage, qu'est-ce que j'aime en toi ?
Ce sont tes éclairs notoires aux abois
La peur que tu me colles et qui me donne la foi
Mais la plus grande satisfaction que je tire de toi

En toi, je me sens bien, malgré ton conflit
De ton étreinte, je ne trouve le repli qu'au fond de mon lit

Médium

Vies passées, vies futures
Je prédis la bonne aventure
Il faut être raisonnablement mature
Car ça peut se transformer en séance de torture

Les cartes de Yagel Didier me révèlent l'avenir
Au début, c'était simplement pour mon plaisir
C'était gratuit, je ne cherchais pas à m'enrichir
Aujourd'hui, ce n'est plus un loisir

Convertir les sceptiques ?
Je laisse ça aux cyniques !
Je les trouve assez diaboliques
Ils ne savent que lancer des piques
Je les trouve bien malheureux
Ils me hérissent les cheveux
À ces arrogants, j'ai fait mes adieux

Les cartes me dévoilent leurs présages
J'interprète sans y penser leurs ésotériques messages
Je fais le décryptage en passant par leurs rages, et bagages
Délicatement, je leur fais un mental déshabillage

Si une voyante vous dévoile un meilleur jour
Où l'arrivée d'une très belle histoire d'amour
Demandez-lui bien, c'est pour quel jour
Afin de ne pas repousser la personne qui vous fera la cour

L'horoscope, on dirait de l'Autrichien. Franchement, je n'y comprends rien
La numérologie, c'est pour les mathématiciens ? Vraiment, je n'en sais rien
La chiromancie, c'est pour les gitans, les Bohémiens et les Indiens
La cartomancie, ça, je le fais bien. Tu veux un entretien ?

Son ex.

Elle ne veut pas se décrocher de mon Mathieu
Quand il est à côté d'elle, il faut voir ses yeux
Faut que je lui apprenne à faire ses adieux
Je souhaite qu'elle arrête enfin son petit jeu

Je voudrais qu'elle accepte qu'il ne soit plus le sien
C'est elle qui l'a plaqué comme ça du jour au lendemain
Il a mis des années à se remettre de ce chagrin
Aujourd'hui, il est gai, amoureux et tout va bien

Son comportement est odieux et ça le rend nerveux
Si elle continue son manège, ça va être dangereux
Elle me verra vraisemblablement cracher du feu
Mon homme est comme ma terre du milieu

Sur sa tombe, j'irai cracher, c'est certain
Comme j'aimerais lui balancer du venin
Ou la balancer dans une eau glacée avec des requins
Une autre idée me vient, l'enfermer au zoo avec des félins

Brune frisée, je voudrais lui décoller tous ses cheveux
Ou mieux, la faire flipper avec un silencieux
Lui rayer de son vocabulaire le mot joyeux
Et qu'elle supplie tous les soirs son dieu

Il m'a raconté leur conte de fées malsain
Elle devrait consulter un psy ou un médecin
Durant des années, il a été son pantin, son chien
À cause d'elle, il ne me demande pas ma main

Je ne veux plus la rencontrer, même si elle joue un franc-jeu
Elle ne supporte pas que ce soit sérieux et de nous voir heureux
Pense-t-elle rester avec nous jusqu'à ce que nous soyons vieux ?
Il faut juste qu'elle accepte de nous voir ensemble et amoureux

Hip Hip Hop Hourra

Voici et voilà du pur slam
Avec mon hip-hop dans l'âme
Mes rimes mettent le feu, et ça flamme
Kiffe la culture Hip Hop et toute sa gamme

Secoue tes fesses Bob
Danse sur mon hip-hop
Balance et lance tes reins
Tu vas kiffer, y a pas de refrain
Fais exploser la sono DJ
T'en fais pas pour les poulets
On va passer que des medleys
Qui vont grave t'anesthésier

Mets tes pompes ou tes Jordans
Pas grave si t'as que des Vans
Faut bouger, te décoincer mon gars
Mais que fais-tu avec tes bras ?
Ne sors pas tes pas de tekto
Je te jure ça fait péquenot
Arrête de regarder tes pieds
T'es bon que pour le bêtisier

Une gorgée de Grandmaster Flash
Baisse ton froc ça fait tache
Kiffe Oxmo ou Akhenaton
T'attends quoi, mon autorisation ?
Écoute bien ma zic
Elle te rendra pacifique
Oublie tes graffitis
C'est pour les abrutis

Sors de ton Bloc-notes
Trouve-toi un pote
Pas une idiote qui radote
T'as envie d'être au top
Va dans le flot de mon hip hop
Move tes lips aux beat-box
Elle est là mon pote, la vraie détox !

Écrin de nuit

Belle à croquer, comme un fruit
Je me prépare à aller au Paris-Paris
J'y vais autour de minuit rencontrer des amis
Je rejoins ma copine qui est aussi de sortie

J'y vais en taxi, au cas où je ressors un peu cuite
Vite, je cours dans la rue avant qu'il ne prenne la fuite
Mes amis portiers me montrent une belle conduite
Boîtes et bars, je n'y vais que si c'est entrée gratuite

Je retrouve Kavinsky et Gavras, en belle compagnie
Justice, Uffie, Cuizi et son cousin Teki
Après, on finissait au Baron pour une autre partie
J'ai rencontré Carine qui est devenue une super amie

À l'intérieur, qu'est-ce qu'on fumait comme cigarettes
Y en a même qui dansaient torse nu avec des lunettes
Concert de Terry Poison. Ça, ce n'était pas de l'opérette
Tout à l'opposé de notre gentille guinguette

Marcos Dos Santos postait nos photos sur le net
Vu les clichés, on n'avait pas dû ingurgiter que du Jet 27
Il y a même des photos de nous dans le water-closet
Mes souvenirs me soufflent qu'on était quand même bien lavettes

2006, saperlipopette, ce que j'ai dansé
Là-dessus aussi, mon ex m'agaçait
Il aurait voulu me voir moins gaie
Je n'en n'avais tellement rien à cirer

Ensuite, j'allais me confesser
Me faire pardonner mes soirées allumées
Impossible de me demander de me calmer
Je t'aurais gentiment envoyé valser

Un beau jour, mais pas une nuit
J'ai rencontré celui qui est devenu mon mari
J'avais tellement peur qu'il s'enfuie
Je me suis dit : là, ma fille, fini le Paris-Paris !

Que c'est bon d'être français

M'évader dans la langue de Molière
Y a trop de matière, ça déchire !
Courtiser grâce à l'aide de Rousseau
Ne te fera pas passer pour un blaireau
Être troublé par Zola, Verne ou Hugo
Cela ne perturbera jamais ton ego
Besoin de traduire un Camus ?
Ah non, ce n'est pas un livre qui pue !
Ma culture passe par de Gaulle à Tony Parker
Leur point commun : les deux taillés par des sculpteurs
Comment différencier un Monet d'un Manet ?
Ce que je sais, c'est qu'ils étaient tous deux Français
Le comte de Perrégaux, désirait-il des camélias ?
Quelle impitoyable love story d'Alexandre Dumas
Quelle tristesse, le suicide de Dalida
Te souviens-tu du charismatique Léon Zitrone ?
Toujours accroché à son microphone
Mirabeau, Robespierre et Danton
Ont joué des rôles clés lors de la Révolution
Feydeau et ses nombreux vaudevilles
Qui finissaient toujours en vrille
Et la grande dame de Gustave Eiffel
Sublimée lors de l'Exposition Universelle
De Louis de Funès à Zizou
Le public en était fou
Edith Piaf à Gainsbourg
À leurs concerts, personne n'était à la bourre
Et Quetier et Dechavanne
Qui se balançaient durant le prime des vannes
Alors que Yannick Noah célébrait son slip
Il a sûrement vécu de sacrés trips
Le chouchou des grand-mères, M. Drucker
Vu plus souvent que mon propre grand-père
Le dimanche soir, toujours un bon Bourvil

Il n'y en a qu'un qui lui arriverait à la cheville
L'homme à la salopette, notre ami Coluche
Un comique qui ne prenait jamais la mouche
Mon préféré pour finir en beauté
N'est pas Bové Jacquet, bien que
Mais notre regretté et dévoué Monsieur Pierre l'Abbé

Cœur brisé

Notre projet d'union avait fini par fuir
Dans le pays des abrutis, je l'aurais fait bannir
Mes chagrins sont compliqués à décrire
La fin d'une histoire se conclut souvent avec le mot haïr

Bravo à ma mère qui a su faire éterniser son couple
Elle avait certainement dû avoir les nerfs très souples
Elle ne s'était pas rendu compte seulement qu'au sextuple
Elle méritait que mon père la glorifie au centuple

Il me blesse à chaque phrase que l'on échange
Moi, mes reparties lui montrent que je ne suis pas un ange
Quand je repense qu'avant, il ne faisait que mes louanges
C'est violent, le mal qu'on se fait, c'est vraiment étrange

Je lui aurais tout donné si je pouvais, y compris ma virginité
Mais après chaque engueulade, je l'aurais regretté
Pourquoi on ne peut pas vivre ensemble sans être aux aguets ?
Si Dieu nous avait créé muettes, peut-être qu'on serait moins au taquet

J'aimerais avoir les moyens de tout oublier tout de suite
Il me donne toujours l'impression de ne pas être instruite
Je voudrais qu'on me donne une solution gratuite
Car là, je ne vois rien d'autre qu'une bonne cuite

Chagrin d'amour, joli mot bien lugubre
Où est passé mon air frais et salubre ?
Douleurs et blessures sont mes équilibres
Esclave de ce cœur, je ne suis pas libre

Râteau et divorce, vous êtes des vauriens !
Qui peut me dire ce qui me ferait du bien ?
Par pitié pas les Freudiens !
Mon cœur a besoin de voir un vrai magician

Banqueroute

J'avais, dans une autre vie, un compte à Paris
Au début, c'était bien mais, après je l'ai pourri
Maintenant, je le vis comme un immense défi
Car sans en tenir compte, cela apporte des soucis

Je l'ai pris à la légère, comme un compte pour Barbie
En crétineries, j'ai brûlé toutes mes économies
Et bien sûr, j'ai fini par prendre des crédits
Et bien sûr, j'ai tout dépensé encore comme une abrutie

Maintenant, je suis fichée à la Banque des crédits
Par ma faute, mon compte présentait de lourdes anomalies
J'allais les voir et je leur racontais de fausses tragédies
Je pensais qu'ils allaient m'aider et sortir la grosse cavalerie

Ce n'est pas joli joli de vivre dans la calomnie
J'oubliais délibérément que mon compte n'était pas fourni
Je pensais qu'il y avait de bonnes garanties
Pour penser ça, il ne faut vraiment pas être finie

J'ai eu de gros moments de folie
Je vivais comme une cheu-ri
Du beau, du chic et pas mal de fantaisie
Et là, mes dettes se sont gravement alourdies

Aujourd'hui, je dois tout payer cash et sans cri
Finis les extravagances ou les vilaines envies
Je paye tout en cash, quelquefois, ça me contrarie
Fini le temps où j'épatais les potes et toute la galerie

Je ne suis pas un ange mais, je suis quand même bénie
Je peux encore aller à la boulangerie ou au Monoprix
Les dépenses et l'argent, j'en suis une vraie apprentie
Mais aujourd'hui, je sais calmer cet incendie

Mes bourriques

Ne rien écrire sur mes deux meilleures amies
Serait un manque total de diplomatie
Elles sont drôles, sympas, différentes et très jolies
Ensemble, qu'est-ce qu'on peut sortir comme conneries

Je vous dédie aujourd'hui ce slam car, je vous aime
Il est arrivé dans le passé que vous me posiez un dilemme
Comment j'ai géré tout ça ? J'ai été moi-même !
C'était facile car, vous êtes la crème des crèmes

Pas un jour, pas une nuit ou même un an
Vous m'avez cassé les tympans
D'amitié, vous avez inondé mon océan
Et toujours choyé comme une maman

L'une s'était amusée en tant que speakerine
L'autre, s'amusait à lire des doctrines
Elles m'ont fait du bien, plus que l'aspirine
Je dédie ces vers à mes deux Sandrine

Scottsdale

Bienvenue à Scottsdale, ville cigale
Où les histoires amicales sont théâtrales
Elle pourrait être classée super sociale
Monte-Carlo serait peut-être sa rivale

Mais le Rocher devant elle est bien pâle
Elle vaut le coup de faire escale
Qui a dit qu'on était bourré de crotales ?
À Sedona, ils aiment le paranormal

Du Grand Canyon à Scottsdale
Je n'ai jamais vu de paysage aussi pictural
Cela doit être dans mon thème astral
De faire ma vie ici, sous ce ciel d'opale

Ville moderne en plein milieu du désert, pas féodale
Ils oublient d'appuyer sur les Klaxons mais, pas les pédales
Et l'on ne sait plus ce que signifie le mot glacial
Surprenant, Scottsdale ne manque pas de végétal

Il fait toujours bon pour sortir ton Néandertal
Méfie-toi quand même des Cougars vénales
Côté culture, on a pas mal de festivals
Bon, je t'enverrai une carte postale

L'été ou l'hiver, les températures sont paradoxales
Le jour en été, j'ai chaud comme dans un flamboyant bocal
La nuit en hiver, je suis refroidie par sa température hivernale
C'est seulement durant les quatre mois d'hiver que je râle

De ses sunsets, tous les jours, je m'en régale
Je pense qu'il n'y a pas de mal, et rien d'illégal
Au milieu de cette savane architecturale
J'ai retrouvé ici un autre paradis tropical

Au comptoir des baratins

Ne trouvez-vous pas que les hommes politiques sont des humoristes ?
Ils tissent du vent et s'envolent comme un agile, mais vilain trapéziste ?
À chaque élection, ils essaient de nous faire avaler des pilules pour utopiste ?
Ils croient qu'ils arrivent en force avec leurs badges comme des secouristes ?

Je me décris comme une débutante anarchiste
Un penchant légèrement écologique, mais pas raciste
Avec mes talons, une démarche chic, un style royaliste
Quand j'arrive à suivre la bourse, je deviens capitaliste

Mon esprit comprend un peu les loyalistes
Voter n'est pas pour les simplistes
J'aimais bien ce président et sa guitariste
J'espère que ça va faire gratter les polémistes

Je préfère un mâle, bien que je sois assez féministe
La France va mal, il lui faut un grand optimiste
Un monarque sans manteau de sacre antisémite
Un dirigeant qui ne cède pas à tous les grévistes

Un chef d'État qui ne soit pas sexiste
Un dirigeant qui nous protège des terroristes
Un ancien régisseur, mais qui soit moderniste
Un fonctionnaire qui n'a pas peur d'être réaliste

Je ne suis pas totalement Sarkoziste
Mais je crois qu'il pourrait remonter cette méchante piste
Je crois encore en notre république, je suis si idéaliste
Je trouve que la France devient méchamment laxiste

Je porte mes espoirs sur ce vendeur et j'insiste
La politique, ça me fait penser à un mauvais flûtiste
Quand il aura fini, tu pourras faire ta liste
Et si t'étais président, tu saurais en quoi ça consiste ?

Prends-le si tu veux, pour un masochiste
Pour un pionnier qui aime agir en soliste
Un candidat avec une touche surréaliste
Ses ministres, on dirait des rebelles choristes

Et alors s'il a un côté pseudo-artiste ?
Et alors si j'aime Carla et sa styliste ?
Et alors si je n'suis pas totalement réaliste ?
Et alors si je ne comprends rien aux communistes ?

Il faut avouer que c'est toujours le même baratin de pompistes
Pour faire de la politique, il ne faut être rien d'autre qu'un grand égoïste
À faire semblant de nous faire des fleurs, pourquoi ils ne sont pas fleuristes ?
Je vous le dis : "Y en a qu'un pour qui je voterais et c'est un artiste"

123

(inspiré de la comptine 1, 2, 3, nous irons au bois)

1, 2, 3, chez toi ou chez moi ?
4, 5, 6, un peu d'exercices ?
7, 8, 9, quoi, t'as une meuf ?
10, 11, 12, oh, tu es tout rouge

1, 2, 3, tu viens quel mois ?
4, 5, 6, pour jouer au tennis
7, 8, 9, et qu'on fasse la teuf
10, 11, 12, mets ta robe rouge

1, 2, 3, tu veux manger quoi ?
4, 5, 6, du fromage suisse ?
7, 8, 9, je préfère un sauté de bœuf
10, 11, 12, avec un bon petit rouge

1, 2, 3, peux pas trouver un emploi
4, 5, 6, suis malade, j'ai la jaunisse
7, 8, 9, ne mange pas de jaune d'œuf
10, 11, 12, ou tes yeux deviendront rouges

1, 2, 3, combien je te dois ?
4, 5, 6, qu'on en finisse
7, 8, 9, tu veux des billets neufs ?
10, 11, 12, dans ce sac rouge

Crise

Crise, un mot trop utilisé à notre époque
Certains pensent en faire avec de la provoque
Ou l'utiliser comme un genre d'électrochoc
C'est fou, ce mot, comme je m'en moque

Commençons par la phrase : crise de foie
Il faut du temps pour que ton estomac se nettoie
Le pire, ce sont les fatigants renvois
Ce n'est vraiment pas la joie

La fameuse crise des 40 ans
Quand les hommes mariés veulent séduire d'autres sur le divan
Et qu'au fond de leur froc, c'est aussi chaud qu'un volcan
Quand leurs démons les poussent à chercher de mauvais plans

La crise économique
Elle commence souvent par l'Amérique
La stratégie pour la résoudre est assez dramatique
Aucune solution, seulement des critiques

La dernière, c'est la crise de nerfs
Qui arrive vraiment comme un éclair
Chez les petits, vaut mieux leur faire prendre l'air
Et chez les grands, pas grand-chose à faire

J'entends vraiment ce mot à tout-va
J'aimerais entendre d'autres mots sympas
Si tu n'en connais pas, demande à Souraiya
Ou tu peux faire encore appel à moi

Fêter ma naissance

Dans quelques jours, c'est mon anniversaire
20 ans, je pense qu'une fête est nécessaire
J'ai toujours besoin d'un dictionnaire
Je ne sais toujours pas ce que je veux faire

Une fête atomique ?
Une fête atypique ?
Une fête idyllique ?
Une fête ludique ?

Je veux une nouba très spéciale
J'irai consulter un commercial
Je veux une fête party-animal, hyper sociale
Marquer le coup pour moi sera ultra crucial

Une fête alcoolique ?
Une fête chaotique ?
Une fête de bourriques ?
Une fête électrique ?

Je veux un énorme et crémeux gâteau
Du chocolat par-dessus en copeaux
Ma tête dessus comme dans un tableau
Je le couperai avec un joli couteau

Une fête chic ?
Une fête euphorique ?
Une fête féerique ?
Une fête historique ?

Je mettrai mon habit de gloire
Une tenue démesurée de couleur noire
Une robe complètement illusoire
Que j'irai acheter Place des Victoires

Une fête diabolique ?
Une fête gothique ?
Une fête dynamique ?
Une fête pratique ?

Il faudra que tout le monde danse
Je veux les voir tous en transe
Ne pas me faire du souci pour leurs panses
Qu'on soit chaleureux, qu'on se tire par l'anse

Une fête basique ?
Une fête calorique ?
Une fête cynique ?
Une fête poétique ?

J'irai sûrement jouer au Bingo
Mais j'ai de quoi juste envoyer trois textos
Je rêvais pour mes 20 ans de jouer l'aristo
Je trinquerai avec une bonne coupe de Tango

Ce sera quand même beau
J'irai au supermarché m'offrir un beau cadeau
Pourquoi n'ai-je pas de jumeau ?
Un frère, une sœur avec qui je partagerais ce gateau

Pauvre mère nature

On se plaint de la pollution et du réchauffement climatique
On crie de partout que c'est bientôt fini et que c'est bien dramatique
Mais on continue de jeter des sacs plastiques, toujours la même musique
Mon miroir me dit : "Ce n'est pas toi la fautive. Mais c'est elle la sadique !"

Je défigure avec lucidité ma planète tous les jours
Des aller-retour dans ma voiture comme un vautour
Un sujet dont je peux en parler avec humour
Ma planète, je la respecte mais, sans vrai amour

Que dois-je faire ? Abandonner ma voiture ?
Perdre mon travail ? C'est ça la cure ?
Dormir dehors et me serrer la ceinture ?
Ne pas utiliser d'eau pour me laver la figure ?

Ce qu'on fait pour aider ? Séparer les poubelles ?
Les journées sans voiture, mais qui ne sont pas universelles
Les tests anti-pollution sur ma coccinelle
Voilà aujourd'hui nos efforts et notre gros potentiel

Y en a qui se posent la question d'où ça vient ?
Y en a d'autres qui se contentent d'être terriens
Un autre qui dit que c'est une recette de politicien
Et d'autres encore qui disent que c'est sûrement rien

On ne doit pas que de nos corps prendre soin
Notre planète se transforme en grille-pain
Je ne vois pas de solution même de loin
De sa destruction, on est tous coupables et témoins

Le monde va être détruit par la pollution
Et on continue de l'injecter d'urbanisations
Sur Facebook, on ira signer des pétitions
Et on dira qu'on était vraiment couillons

On achète des produits bio au supermarché
Pour tromper notre conscience qu'on n'est pas fêlé
Dans du Téflon, on fait cuire des produits congelés
On cuisine au cancer que si tu ne dépasses pas 260 degrés

Ils sont marrants ceux qui disent que la France coule
Ce n'est pas vraiment ça qui me fout les boules
J'ai peur que demain ma terre s'écroule
Qui fait quoi ? Ça me soûle !

Des cigarettes, des vapes, on s'en parfume
Des dollars, des euros en volume
On achète des articles plutôt que des légumes
On enfouit nos mensonges dans le bitume

COP24, Greenpeace souvent popularisés par des stars
Dissertaient tous sur cet éventuel cauchemar
Vous aviez entendu en 2016, Léo lors des Oscars ?
Son discours sur la planète était le plus doux des nectars

Ils plaident tous pour la cause environnementale
Quand on les entend, on se dit : "Ah ! C'est génial !"
Le lendemain, rien n'avait changé, tout était normal
Ce ne sont que de beaux discours que l'on avale

Dame nature, ta beauté ne durera sûrement pas
Les hommes ne t'ont pas marquée dans leurs agendas
Ils diront que c'est Dieu qui nous donne tous ces tracas
Ils ont décidé que nous vivrons tous sur des éternels gravats

Les fourberies de ce crétin

Un jour lourd de pressentiment, j'ai fouillé dans son ordi
Dans un dossier comptable, il cachait toutes ses conneries
La jalousie m'avait étranglée et le choc m'avait refroidie
J'étais cruellement trompée par l'homme de ma vie

Je venais de voir qu'il m'était infidèle avec le Tout-Paris
Quand je pense qu'il me disait : "Tu es la femme de ma vie !"
Et qu'il se vantait d'être le plus merveilleux des maris
Quel menteur, j'étais mariée à l'un des plus pervertis

Quand je l'ai confronté à tous ses débris
Il m'a sorti : "Ce n'est vraiment rien, il n'y a que toi que je chéris"
Où est le respect ? Espèce d'abruti !
Je lui ai demandé de partir, sans une insulte et sans un cri

Deux enfants et il voulait que je lui déroule un joli tapis
Et, je l'ai fait pour mes bébés, mais pas pour lui
Ses mensonges fleuris qu'il brodait n'étaient pas jolis-jolis
Ça ne lui faisait absolument rien de briser toutes nos rêveries

Il m'exaspérait avec cette fille maquillée comme une zombie
Qui s'habillait avec des minis fringues à petits prix
Elle venait délibérément faire de moi son ennemie
La connaître ? Hors de question, je n'en avais aucune envie !

Quand je pense que c'était moi qui l'ai nourri
Quand je pense que sa famille j'en avais fait ma patrie
Quand je pense que je lui faisais confiance, il s'en était bien diverti
Quand je pense à ce qu'il a fait à nos enfants et à notre famille

Mon compte en banque était devenu un souci
J'étais forcée de refaire notre vie sans lui
J'étais devenue voyante pour une compagnie
Des voyances à domicile ou dans des restos à des tarifs réduits

Je pourrais en écrire des choses vilaines sur lui et à l'infini
Penser à lui, parler de lui, c'est une perte d'énergie, mais c'est fini !
Il fallait que je concentre sur ce changement et mes rentrées riki kis
Voilà une page sur lui, la plus belle escroquerie dans ma vie

Un monde moderne, c'est quoi ?

C'est d'avoir un Facebook, un Tik Tok ou un Insta
Si tu n'as pas ça, personne ne te parlera
Mets une photo surtout, quand tu fais caca
Pour plus de followers, le #crotte leur plaira

Arrivés chez papi on se connecte au wifi
Google, Wiki, c'est avec eux qu'on a tout appris
Les soldes Cyber Lundi, on remplit son caddie
Et pour sa fête, on envoie une carte virtuelle à mamie

L'application Tik Tok, c'est quoi ?
Des petites vidéos que l'on voit
Pour faire quoi ? Rien, c'est comme un tournoi
Plus il y a de vues, plus tu es le Roi

Les enfants ne font plus de vélo, mais de l'iPad
On les colle devant encore plus quand ils sont malades
Fini les parcs, les toboggans, les ballades
Ou les rencontres avec de nouveaux camarades

Le pitchoun veut un téléphone portable en maternelle
Et s'il le casse ou qu'il prenne des gamelles ?
Aucun souci, maman lui en rachètera un avant Noël
C'est devenu d'un commun, un geste maintenant naturel

Un divorce ou deux, c'est sympa
On se partagera leur dodo entre maman et papa
Avec des cadeaux, on séduira leurs traumas
On manipulera leurs chagrins avec un pop-corn cinéma

Et s'il lui arrive de faire pipi au lit
On l'emmènera vite chez un psy
Plus de devoirs et encore moins de céleris
Rien ne doit égratigner son petit chéri

GTA, jeu vidéo où ils sont des gangsters voleurs
Ils en deviendront fans ou supporters
Ils volent, tuent des gens en voiture ou en scooter
Ils feront des crises de nerfs assis sur leurs derrières

Speed-dating, Match, Tinder
Trop de détails sans leurs vraies odeurs
Des sites où il faut oublier le mot pudeur
Le marché des célibataires dans toute sa splendeur

On se rencontre masqués dans des meetups
On arrive maquillées, habillées comme des pin-ups
Avec du rouge à lèvres à faire pâlir Mme Ketchup
On fabule des routines séduisantes espérant qu'il soit myope

Il faut à tout prix y aller avec une épilation brésilienne
Aiguiser ce sourcil et émincer cette toison de hyène
Lui mitonner que notre ambition n'est pas qu'épicurienne
Pour l'avoir, c'est facile : "Persuade-le qu'il est une aubaine"

Coupe pompadour et barbe stylée pour les garçons
Les filles twerkent devant eux avec passion
Leurs bouches injectées de silicone servent de Klaxons
Ces thons ne désirent se faire piquer que par ces pythons

Elles iront sur Youtube voir en entier des tutos
Des contourings qui feront gonfler leurs égos
Photoshop camouflera entièrement tous leurs kilos
Ces blogueuses ne portent que des costumes de mégalo

Être moderne, c'est avoir un piercing ou un tattoo
Si tu n'en as pas, tu es aussi laid qu'un pou
Dans cette culture, il faut en avoir beaucoup
Bijoux, cailloux, coucou, tu en feras des jaloux

Devant l'école, nos enfants se font racketter
Ils rentrent chez eux dépouillés et bien dégoûtés
Sans pouvoir dire la vérité à leurs parents exploités
Et s'ils la connaissaient, ils seraient trop effrayés

Dès qu'il fait un peu chaud, on met la clim
Un peu de froid, et c'est la déprime
Keto sans gluten, on supprime tout sauf la frime
Manger du chou frisé, c'est le nouveau régime

Travailler au black tout en caressant le dos du chômage
Des nounous au parc en tenue de camouflage
On arnaque le système avec de faux mariages
L'État se fait cambrioler. Oh ! C'est bien dommage

Nous vivons dans l'attente d'une attaque explosive n'importe où
Des fusillades en masse dans les écoles, un peu partout
Ils se baladent avec des mitraillettes comme des joujoux aux cous
Si je disais ce que je leur ferais, c'est moi qu'on mettrait sous les verrous

Avec des Emojis on exprime sa situation à une personne
Les points de suspension laissent planer le doute, et cela fonctionne
C'est génial, mon téléphone en mode silence sonne
On écrit en raccourci, slt, ptdr, mdr, ça les bidonne

On ne s'appelle plus pour prendre des nouvelles
On se texte sans se dire bonjour, c'est devenu naturel
Notre monde moderne est loin d'être spirituel
Trop individuelle ou alors je me fais vieille ?

Des sociétés qui engrangent des milliards avec boosters et vaccins
Et personne au monde ne peut se porter garant sur ce terrain
Un sacré coup ce covid, mieux que l'audacieux Arsène Lupin
Je vous parie que l'on nous injecte de la poudre de Perlimpinpin

Ce n'était pas vraiment très joyeux cette fenêtre ouverte
Sur notre pauvre planète plus vraiment toute verte
Malheureusement béat sans que ce soit une découverte
J'écris ces mots pour que vous restiez en alerte

Ma fille me dit : "Maman, écris quelque chose de gai !"
Tu ne veux pas non plus trop les déprimer ?
Je vais donc terminer en vous faisant un peu rêver
Les extraterrestres attendent le mot magique pour se montrer !

Matte et brillant

Un lien d'attirance nous unit
Deux mondes différents, un sentiment nous lie
300 émotions dansent dans ce bal masqué
Quatre ailes d'anges planent et battent à l'unisson

Je comprends à présent le sens du mot "tombé amoureuse"
Comme un sac d'étoiles magique qui tourbillonne dans le ventre
À chacun de nos regards, ça m'envoie des petits papillons à croquer
Quand il m'écrit une note, je la lis comme si c'était du Shakespeare
Il me coupe le souffle, et ses mots sont une bouffée d'oxygène
Chaque phrase est une évasion vers cette île perlée de soupirs et de désirs
Mon navire d'illusions chavire, mais trouve son nord dans ses yeux verts
Loin de lui, je me sens souillon, et dans ses bras je redeviens Cendrillon
Dans mon écrin d'amour, il est mon diamant brut
Loin de lui, je suis fiévreuse, et son amour n'est que mon doux remède
Dans ses bras, je me sens en paix, comme dans un refuge en bois d'été

Un jour, un adieu sera fait
Deux cœurs seront brisés
300 ans pour oublier
Quatre tempos sonneront faux à tout jamais

Destination noix de coco

J'avais décidé de partir en voyage
Voir la mer, le sable, et les coquillages
J'avais acheté mon billet sur Internet pour éviter le gaspillage
Cette année-là, j'étais allée en Asie dans un petit village

Arrivée à Roissy et voilà qu'il y a eu une grève de pilotes
C'était leur problème et c'était à nous de payer la faute
Toujours les mêmes histoires qu'ils radotent
Un jour, il faudra leur dire ce que l'on chuchote !

8 heures de retard, cela m'a rendue d'abord folle, puis molle
Enfin, ça y est, j'étais dans l'avion et l'on décolle
Je suis allée demander de l'eau à l'hôtesse, lui tapotant sur l'épaule
Son regard blasé m'a fait grincer des dents et regretter ce vol

Je ne pouvais pas voir le film, car mon voisin était bien trop grand
Il savait très bien qu'il avait sa tête entre moi et l'écran
Pourquoi ne met-on pas les gens petits dans les mêmes rangs ?
Ce n'est quand même pas difficile de comprendre ça, bon sang

À peine en l'air, mon voisin a décidé de me raconter sa vie
J'aurais emmené une amie si j'avais besoin de compagnie
En vacances, ou pas, des bavards, j'en fais une allergie
Des touristes bruyants, j'en avais grandement la phobie

On a atterri, à la sortie, on m'a mis un collier de lotus
Direction mon petit village, mon chauffeur était russe
On faisait une belle paire dans ce pousse-pousse
Je dévorais des yeux cette verdoyante cambrousse

1 2 3 sympa, ce petit village au milieu de rien
J'aurais préféré voir d'autres animaux au lieu des chiens
Ce village vietnamien me rappelait le Mont-Valérien
C'était drôle, le propriétaire de l'Airbnb s'appelait Gabin

Je fais le tour de la chambre, rien à dire
J'ouvre la fenêtre, vue sur la plage, un délire
La cuisine n'était pas top, mais j'ai vu bien pire
Un peu détendue, j'ai enfin réussi à sourire

4, 5, 6, c'était fini, je devais rentrer à Paris
J'avais acheté un grigri contre mon patron aigri
7, 8, 9, me voilà à Roissy dans le taxi
Et le cliché continue avec un temps pourri

Arrivée au 6e étage dans mon petit appartement
Un autre dégât des eaux suite au ravalement
Une douche glacée me réveille violemment
Je suis restée plantée là en sous-vêtements

La nostalgie poignardait déjà mon cœur
Je contemplais les photos avec des yeux rêveurs
La photo d'une brouette, quel bonheur !
Et une autre de moi, les yeux rieurs avec ce frimeur

Le lendemain au bureau, je retrouve Béné en pleurs
Je serais repartie bien vite de là, ça, c'est sûr
Mais tout dépendra aussi de la conjoncture
J'emprunterais bien pour une nouvelle aventure !

Le camping

Il était autrefois une fille très éprise de son confort
Qui rêvait d'aventures, sans vraiment quitter son port
L'idée de bénir la nature lui semblait si peu naturelle
Qu'elle ne méditait que sur son trône de couleur pastel

Mais un beau jour, pris en main par son chéri
Elle se retrouve en forêt, loin de son lit king-size et de son wifi
Monter la tente et cuisiner au feu lui firent changer doucement d'avis
Manger un steak et des patates sous les étoiles n'avait pas de prix

L'odeur de la terre, du lac, la nature commençaient à faire leur effet
Son rêve à ce moment-là était de cuire sur ce feu un magret
La danse d'un feu de camp, crépitant commençait à l'envoûter
Les étoiles filantes, les feux follets, l'enveloppaient dans ce duvet

Elle écoutait le chant des coyotes au loin sans plus flipper
Elle nourrissait le feu de bois, enfumée sans plus tousser
Le son des grillons lui rappelait des moments oubliés
Elle se relaxait auprès de sa bombe lacrymo et de son pistolet

Elle avait emmené des écouteurs pour elle et lui
Ainsi qu'un paquet d'additifs pour faire des feux colorés inouïs
Son inquiétude, au son de l'accordéon de Yann Tiersen, s'était évanouie
Ils se mirent à danser autour de ce feu, et c'était presque gratuit

Elle pensait que les tentes avaient une odeur de rassis
Que les feux de camp lui causeraient du souci
Que les piqûres de moustique et les bruits
L'empêcheraient de dormir la nuit

Pour la rassurer, son chéri lui dit qu'il ne dormirait que d'un œil
Elle prit quand même un cachet pour trouver le sommeil
Et se dit : "Mon chéri sera le premier au réveil"
Elle ferma les yeux sous la nuit étoilée, espérant les rouvrir avec le soleil

Mais durant la nuit, la tente fut agitée par l'arrivée de sangliers
Le mari, qui ne souhaitait pas réveiller sa chérie, jouait le cachottier
Il prit la belle dans ses bras et fit office de bouclier
Permettant à la dame de ronfler dans les bras de son chevalier

Elle se réveilla furtivement pour demander ce qui s'était passé
Le mari répondit que c'était le vent qui faisait ce chantier
En voyant son toutou en boule, elle était un peu terrifiée
Admettant à elle-même que Lily était loin d'être un bull-terrier

Par le doux baiser de l'aurore, moins stressée, un café chaud à la main
Elle scrutait les traces des animaux sauvages, il y en a eu plein !
Elle réalisait que son plus grand effroi était en fait plutôt urbain
Et qu'elle ne rêvait, après deux jours sans douche, que d'un bon bain

Depuis ce jour et à chaque occasion, elle enfile un kaki avec joie
Avec sa tente et ses canifs dans ses poches, sans mode d'emploi
Celle qui fuyait le camping a aujourd'hui trouvé la foi en soi
Trouvant à chaque escapade un bonheur dans cette voie

Ce poème avait été écrit par mon amoureux au début de notre histoire d'amour.

The Dandelion Seed

Once a dandelion seed born on the wind,
Took root and grew into a young woman,
Among the reefs, lagoons and beaches, she grew,
Absorbing the beauty of the green land,
Came the wind, the rain, the sun, yet never,
Did she break under the stress of weather,
And blossomed forth her own flower in time.

Floating from those verdant shores through the night,
And replanted in the City of Light,
Where danger lurked and wrongs to be made right,
In exile, the dandelion took flight,
And though the desert does not take seed well,
The sun scorches the earth all the long day,
Love is stubborn and always finds a way.

MJ

www.ingramcontent.com/pod-product-compliance
Lightning Source LLC
Chambersburg PA
CBHW051551120626
46551CB00013B/1471